¿Por qué hago lo que hago?

TEXTO:

Molly Potter

ILUSTRACIONES:

Sarah Jennings

Este libro está dedicado a Elle, mi amiga escocesa de gran corazón, con quien admito haber hecho bastantes travesuras (pero ahora sabemos lo que no debemos hacer, obviamente).

Puedes consultar nuestro catálogo en
www.picarona.net

¿POR QUÉ HAGO LO QUE HAGO?
Texto: *Molly Potter*
Ilustraciones: *Sarah Jennings*

1.ª edición: junio de 2025

Título original: *What Makes Me Do The Things I Do?*

Traducción: *Júlia Gumà*
Maquetación: *Carol Briceño*
Corrección: *Sara Moreno*

© 2022, Molly Potter texto & Sarah Jennings ilustraciones
Edición publicada por acuerdo con Bloomsbury Publishing Plc.
(Reservados todos los derechos)
© 2025, Ediciones Obelisco, S. L.
www.edicionesobelisco.com
(Reservados los derechos para la lengua española)

Edita: Picarona, sello infantil de Ediciones Obelisco, S. L.
Collita, 23-25. Pol. Ind. Molí de la Bastida
08191 Rubí - Barcelona
Tel. 93 309 85 25
E-mail: picarona@picarona.net

ISBN: 978-84-9145-788-6
DL B 22766-2024

Printed in China

Querido lector,

Este libro trata sobre el comportamiento. El comportamiento es lo que la gente hace, lo que dice y cómo actúa. A menudo nos comportamos de formas distintas según dónde estemos, con quién estemos, cómo nos sintamos y qué estemos pensando. Algunos de nuestros comportamientos pueden ser útiles y otros pueden empeorar las situaciones.

Este libro te ayuda a reflexionar sobre los distintos comportamientos. Analiza por qué a veces te comportas de una forma que no te ayuda y también examina las formas en que los comportamientos positivos pueden ayudarte a ti y a los demás. Te ayudará a pensar por qué elegimos actuar como lo hacemos.

Lo que hay que recordar sobre el comportamiento es que tenemos cierto control sobre él. Independientemente de lo que sintamos, normalmente podemos elegir cómo reaccionar. Este libro te ayudará a pensar qué comportamientos te gustaría practicar más y cuáles te gustaría practicar menos, ¡o no practicar en absoluto!

ÍNDICE

Decir mentiras...

Algunos niños dicen más mentiras que otros. Mentir no suele ser bueno, así que ¿por qué mentimos a veces?

Para intentar librarte de hacer cosas que no quieres hacer.

> No puedo ordenar mi habitación, ¡tengo muchos deberes!

Para impresionar a los demás.

> Sí, sé hacer malabares.

Para que no te regañen.

> No, no me he comido el último trozo de tarta.

Porque es más fácil que decir la verdad.

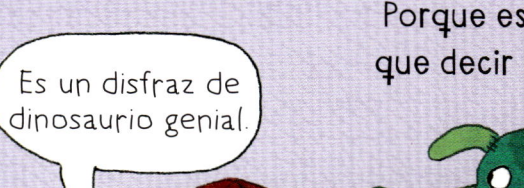

> Es un disfraz de dinosaurio genial.

6

... o ser honesto

Ser honesto casi siempre resulta mejor que decir mentiras. Vamos a ver por qué es así.

La gente confiará en que dices la verdad.

> ¿Tengo la cara pintada?

> Sí, de bolígrafo.

Las mentiras se descubren y te hacen quedar como un tonto.

> Iremos de excursión al circo y nos enseñarán a hacer trucos.

> Nos vas a poder enseñar cómo haces malabares, Lottie.

Decir la verdad es valiente y admirable.

> ¿Has dejado que el perro se suba al sofá?

> Sí, lo siento. No me he dado cuenta de que tenía las patas sucias.

Ser honesto puede ser de gran ayuda.

> Tu disfraz no tiene buena pinta. ¿Quieres usar éste en su lugar?

Es importante saber que...

Las mentiras que decimos para evitar herir los sentimientos de las personas se llaman mentiras piadosas.

No hacer lo que te dicen...

Los niños no siempre hacen lo que los adultos les piden. ¿Por qué sucede eso?

Quizás quieres seguir haciendo lo que estabas haciendo.

Quizás no quieres hacer lo que te piden que hagas.

Quizás no estés seguro de que puedes hacer lo que te piden.

Quizás simplemente tengas pereza.

... O seguir instrucciones

Los adultos que te rodean te piden que hagas cosas para mantenerte seguro y sano, y para animarte a tomar buenas decisiones. Es una buena idea hacer lo que te piden porque...

El adulto estará muy contento contigo.

¡Genial! Pensaba que te lo tendría que pedir veinte veces.

Seguramente no puedas escaquearte de hacer lo que te piden, así que mejor hacerlo cuanto antes.

¿Puedo volver y jugar de nuevo ahora?

Quizás te piden hacer alguna cosa por un buen motivo.

Guarda las galletas ahora o después no vas a querer cenar.

Es bueno ayudar a los adultos cuando lo necesiten, y eso también te hará sentir bien.

Es importante saber que...

Si te piden que guardes un secreto, a no ser que se trate de una sorpresa agradable para alguien, consúltalo con uno o dos adultos.

9

Perder los papeles...

Las personas pierden los papeles o tienen una rabieta cuando no se salen con la suya y se sienten enfadadas. Las rabietas pueden ser muy fuertes y no son agradables ni para la persona que las sufre ni para nadie que esté cerca. ¿Por qué se pierden los papeles?

A algunas personas les cuesta más controlar su mal genio.

> No hay natación hoy.

Perder los nervios llama la atención de la gente.

> ¡Fuera de mi camino! Estoy muy enfadado.

Podemos pensar que perdiendo los nervios conseguiremos lo que queremos, aunque casi nunca es así.

> ¡Quiero un helado!

Puede que nos enfademos para evitar hacer algo.

> ¡No quiero construir una cometa!

... O mantener la calma

Mantener la calma puede ser difícil, pero tiene muchas ventajas, porque...

Tomamos mejores decisiones.

> Creo que pintaré la punta de rojo.

Raramente nos riñen.

> Muy bien por no enfadarte por no poder comprar un juguete hoy.

La gente nos escuchará más.

> He sido muy buena, ¿puedo comer un helado, por favor?

Otra gente reaccionará mejor hacia nosotros.

> Sé que ha sido un accidente, ¿me puedes ayudar a limpiarme?

> Estaré encantada de ayudarte.

Es importante saber que...

Si sientes que vas a perder los papeles, respira profundamente y cuenta hasta 10. Puede ayudarte a calmarte antes de reaccionar.

Hacer trampas...

Es hacer algo injusto para intentar obtener un mejor resultado. Puedes hacer trampas en los juegos incumpliendo las normas o hacer trampas en los trabajos escolares copiando a otra persona. ¿Por qué puedes tener la tentación de hacer trampas?

Seguramente tendrás más posibilidades de ganar un juego (pero realmente no lo ganarás).

Puede ser fácil hacer todo tu trabajo bien.

Puede hacer creer a los adultos que eres mejor haciendo algunas tareas de lo que realmente eres.

Puede parecer que hacer trampas es más fácil que hacer las cosas bien (pero no aprenderás nada).

... o jugar limpio

La mayoría de los niños saben que jugar limpio es lo correcto, ¡aunque no siempre lo hagan! He aquí por qué es buena idea no hacer trampas...

Todo el mundo prefiere jugar con alguien que juegue limpio.

Jugaré contigo.

Si nunca haces trampas, hacerlo bien es un logro real y puedes sentirte orgulloso de ti mismo.

CAMPEÓN DE ORTOGRAFÍA

Te lo mereces.

Es bueno ser alguien en quien poder confiar.

Voy a buscar un vaso de agua. Confío en que no mires las cartas.

Siempre es más satisfactorio hacer las cosas bien, en vez de hacer trampas.

No le pedí a mi hermano mayor que lo hiciera.

Es importante saber que...

La gente que no hace trampas entiende que participar, pasárselo bien y jugar limpio es mucho mejor que ganar siempre o siempre tener la razón.

13

Ser mandón...

Algunas personas son más mandonas por naturaleza que otras. Ser mandón consiste en decir a tus amigos lo que tienen que hacer y no pensar en lo que a ellos les gustaría hacer en su lugar. ¿Por qué algunas personas creen que ser mandón es una buena idea?

Puedes hacer lo que quieres hacer.

Vamos a jugar todos a fútbol ahora.

Puedes asegurarte de que las cosas se hagan de la manera que quieres.

CONCURSO DE PAYASOS

Nuestro equipo llevará la ropa del revés.

Se ahorra tiempo si la gente hace lo que se le dice.

Nuestra clase debería hacer la rifa en la fiesta de la escuela.

Puede que siempre seas la persona al mando y eso te haga sentir bien.

¿Qué hacemos ahora?

...o escuchar a los demás

Es mucho mejor escuchar a los demás y averiguar qué quiere hacer cada uno, en lugar de limitarse a ser mandón.

Escuchar a los demás es un gesto amable y ellos te lo agradecerán cuando lo hagas.

Otras personas también tienen buenas ideas y estas ideas pueden mejorar las cosas.

Si más de una persona se ve involucrada en tomar una decisión, normalmente es mejor.

Puedes relajarte un poco si no estás siempre al mando.

Es importante saber que...

Cuando alguien está siendo mandón, no se da cuenta. Está bien decirle cómo te hace sentir, para que entienda por qué no siempre es la mejor manera de comportarse.

Decir cosas feas...

Decir cosas desagradables a los demás nunca ayuda. Hace que todo el mundo se sienta incómodo y puede herir los sentimientos de los demás. ¿Por qué a veces decimos cosas feas?

Podemos ser malos porque estamos celosos de alguien.

Quizás decimos cosas desagradables para hacer reír a los demás.

Quizás aún no hemos aprendido que ser amable es la mejor manera de comportarse.

Quizás estés de mal humor y te cuesta ser amable.

... O ser amable

Es muy bueno acostumbrarse a decir cosas amables a la gente, y ser amable sienta mucho mejor a todo el mundo que ser mezquino. ¿Qué tiene de bueno ser amable?

Si muestras amabilidad a los demás, es más probable que recibas amabilidad a cambio.

> Eres muy divertida.

> Tú también.

Decir cosas amables siempre anima a la gente.

> Tienes grandes ideas.

La gente sabrá que eres una buena persona.

Ser amable puede hacerte sentir más cercano a los demás.

> Me encanta pasar tiempo contigo.

Premio a la buena persona

Es importante saber que...

Es muy fácil ser amable con tus palabras. A veces, sólo necesitas pocas palabras para hacer muy feliz a alguien.

Rendirse...

Cuando nos encontramos con algo difícil de hacer, o si el éxito no llega fácilmente, puede que decidamos rendirnos. ¿Por qué a veces nos rendimos?

Puede ser mucho más fácil rendirse que continuar con algo.

Es muy difícil, me rindo.

Nos rendimos porque estamos frustrados.

Es muy frustrante. ¡Nunca sabré cómo montarlo!

Cuando nos rendimos, significa que podemos seguir con algo que nos resulte más fácil.

Si nos rendimos con cosas difíciles y continuamos con cosas fáciles, puede parecer que se nos dé bien todo, y eso nos puede gustar.

Soy buena cocinando, jugando a futbol y haciendo puzles. No intentaré nada más.

... O ser tenaz

La determinación o ser tenaz es cuando seguimos intentándolo hasta lograr algo. Requiere más tiempo, esfuerzo y concentración que rendirse. Es bueno tener determinación porque...

Ser tenaz significa que tenemos más posibilidades de volvernos buenos en algo.

Creo que lo intentaré de nuevo.

Es mucho más satisfactorio volverse bueno en algo que al principio encontrábamos difícil.

¡Me he esforzado mucho y ahora puedo hacerlo!

1+5=7 ✗	1+5=6 ✓
3+2=8 ✗	3+2=5 ✓
1+1=0 ✗	1+1=2 ✓

Ser tenaz es una cualidad que nos hace destacar.

He practicado y practicado y ahora he hecho esto.

Muchos grandes logros se deben a la determinación.

Es importante saber que...

La gente normalmente se rinde porque no le gusta enfrentarse a las cosas difíciles. Es muy valiente dedicarse a algo que no nos resulta fácil.

Hacer cosas que no son buenas para ti...

La gente hace muchas cosas que sabe que no son buenas para ella, como comer demasiados dulces, no hacer ejercicio, no dormir lo suficiente o no hacer los deberes. ¿Por qué tenemos la tentación de hacer estas cosas?

Esas cosas pueden ser divertidas en el momento (¡quedarse despierto hasta tarde!)

Normalmente, copiamos lo que hacen los demás sin pensar en si es bueno o malo para nosotros.

Las cosas que no son buenas para nosotros normalmente son muy tentadoras.

A veces la pereza nos invade y no tomamos las mejores decisiones.

Ya lo haré luego.

LISTA
Deberes ☐
Ejercicio ☐
Tareas ☐

... O ser bueno contigo mismo

Hacer mucho ejercicio, tomarse tiempo para relajarse, comer fruta y verdura, beber mucha agua, dormir lo suficiente y aprender cosas nuevas es bueno para nosotros. No siempre es fácil hacer todas estas cosas, pero veamos por qué son buenas.

Comer alimentos que son buenos para nosotros significa que tenemos menos probabilidades de enfermar.

Aprender cosas nuevas siempre es interesante.

Las cosas que son buenas para nosotros también pueden ser divertidas.

Nos podemos sentir orgullosos cuando hemos sido buenos con nosotros mismos.

Es importante saber que...
Por supuesto, está bien darse un capricho de vez en cuando.

21

Apresurarse a hacer las cosas...

A veces los niños se apresuran en los trabajos que les encargan o en la escuela.
¿Por qué apresurarse puede parecer una buena idea?

Hace que el trabajo se termine rápidamente.

Puede que nos animen a hacer las cosas con rapidez.

Podemos dedicarnos a cosas que nos gustan más una vez que el trabajo está hecho.

Puede que no veamos la importancia de hacer bien un trabajo.

... O hacerlas con cuidado

Aunque es tentador apresurarse para terminar los trabajos, suele ser mucho mejor si nos tomamos nuestro tiempo. Pensemos por qué es así.

Si dedicamos tiempo, es probable que demos lo mejor de nosotros.

Me ha llevado años.

Tener cuidado de hacer bien un trabajo puede ser relajante.

Aprendemos más cuando prestamos atención a los detalles.

Si nos tomamos nuestro tiempo, normalmente disfrutamos más del trabajo.

He seleccionado atentamente los botones. Ha sido muy satisfactorio.

Mmm, ¡qué interesante!

Es importante saber que...

Lo mejor es tomarte tu tiempo y hacer bien un trabajo, pero también es importante no tardar tanto y que se vuelva improductivo

Seguir enfadado con alguien...

Podemos enfadarnos con los amigos cuando hacen algo que nos molesta y no conseguimos solucionarlo. Cuando estamos enfadados con alguien, podemos quejarnos, enfurruñarnos o decidir no hablarle. ¿Por qué podemos enfadarnos con un amigo?

Puede ser más fácil enfadarnos, enfurruñarnos o quejarnos que solucionar las cosas.

Puede que pensemos que es muy difícil hablar con la persona y solucionar las cosas.

A veces puede hacernos sentir conectados con los demás si todos nos enfadamos juntos.

Podemos pensar que la otra persona es la que debe solucionar la situación.

... o perdonarle

Perdonar a alguien es casi siempre una buena idea. Veamos por qué.

Si perdonamos, es más probable que se solucionen las cosas.

¡Podemos hablar?

Todos cometemos errores, así que es bueno saber que podemos ser perdonados.

¡Oh, no! Lo siento, mamá.

Perdonar a la gente siempre nos hace sentir mejor al final.

Estoy contenta de haberlo solucionado.

Perdonar significa que ya no tienen un efecto negativo en nosotros.

Ya no estoy enfadada.

Es importante saber que...

Si alguien te ha molestado, díselo . Tu objetivo es que todo el mundo se sienta mejor, y eso implica hablar con esa persona y buscar el perdón.

Presumir...

Presumir es decir a los demás lo bueno que eres, ¡y mucho! A veces aquello de lo que hablas es cierto y otras veces es exagerado. Presumir significa no hablar de las cosas en las que no eres tan bueno. ¿Por qué presume la gente?

Presumir puede hacer que seas el centro de la gente.

> He escalado la montaña más alta del mundo.

Puede hacerte sentir bien hablar de tus logros y no de las cosas que encuentras difíciles.

> Nunca me he equivocado en mates.

Puede que presumas para que la gente note tus logros.

> Atrapé un pez tres veces más grande que yo.

Presumir puede ser una manera de decirle a la gente que crees que eres mejor que ellos.

> ¡He ganado la carrera de nuevo! Soy el más rápido de la clase.

... O ser modesto

Ser modesto es cuando haces las cosas y nunca presumes de ello.
¿Por qué es bueno ser modesto?

Nunca haces sentir mal a los demás por las cosas que no pueden o que no han hecho.

Ser modesto ya es impresionante.

¡Guau, no sabía que habías ganado! Eres muy modesta.

Te ayuda a entender que los logros de los demás son especiales.

Tu dibujo es genial.

Significa que no necesitas que los demás se den cuenta de lo que has hecho para ser feliz.

Es importante saber que...

Es bueno estar satisfecho sobre tus logros, pero hablar siempre de ellos puede hacer que otros se sientan mal. Todos tenemos cosas en las que somos buenos y en que no.

Ser gruñón...

Todo el mundo se siente malhumorado de vez en cuando, pero es mejor guardárselo para uno mismo, porque el malhumor se contagia. ¿Por qué la gente puede ser gruñona?

Es una manera rápida de hacer que los demás te dejen solo.

Puede que no pienses en el efecto que tu comportamiento tiene en los demás.

Puede que estés cansado, hambriento, sediento o acalorado.

Algunos días, cuando ocurren muchas cosas malas, tu malhumor se acumula y puede explotar.

... O ser alegre

No siempre puedes estar alegre, pero cuando lo estás es genial porque...

Es más probable que digas cosas amables.

La gente quiere pasar tiempo contigo.

Ser alegre con los demás les hace sentirse respetados.

Ser alegre se contagia.

Es importante saber que...

Todo el mundo se siente malhumorado a veces. Esto no es un problema, a menos que te desquites con los demás. Si estás de buen humor, es estupendo contagiarlo a los demás.

29

Guía para padres y cuidadores

El comportamiento (o las acciones que realizamos) suele deberse a uno de los siguientes motivos:

- satisfacer una necesidad básica, como comer o mantener el calor
- llamar la atención
- conseguir algo que deseamos
- para alejarnos de los demás
- para evitar una petición

Para los niños muy pequeños, que tienen poco vocabulario, el comportamiento suele ser su forma más eficaz de comunicarse. Como sabemos, esto a veces puede dar lugar a comportamientos bastante extremos que pueden ser difíciles de manejar. Sin embargo, a medida que los niños crecen y aumentan su vocabulario, comprensión y capacidad de empatía, pueden empezar a considerar su comportamiento de forma más consciente. Aquí es donde entra en juego este libro.

Compartir este libro con tu hijo puede ayudarte a considerar por qué se comporta de determinadas maneras, el impacto que su comportamiento tiene en los demás y algunas formas alternativas de comportarse en diferentes situaciones. Este proceso puede ayudar a tu hijo a desarrollar la empatía, a relacionar su comportamiento con sus emociones, a reflexionar sobre sus conductas habituales y, en definitiva, a tomar decisiones más conscientes sobre su comportamiento.

Consejos para los más pequeños

Sorprende a tus hijos haciendo las cosas bien

Los niños pequeños a veces ansían atención, pero con demasiada frecuencia la reciben sobre todo cuando se portan mal. Cuando un adulto felicita a un niño por sus buenas elecciones y su buen comportamiento, la atención que recibe por éste hará que sea más probable que se comporte bien en el futuro. Intenta elogiar a tu hijo por cosas cotidianas como sentarse a la mesa correctamente, mostrarse amable con su hermano o irse a la cama sin armar jaleo. Puedes explicarle por qué estos comportamientos son tan útiles y el efecto que tienen en ti y en los demás.

Vincula las emociones al comportamiento

Ayuda a tu hijo a ver que, aunque sus emociones puedan tener un impacto en su comportamiento, él siempre puede elegir cómo comportarse, incluso cuando está muy enfadado. Ayuda a tu hijo a centrarse en sus emociones, a trabajar con la emoción que siente y a localizar en qué parte del cuerpo la siente. Esto puede ayudarle a separar la emoción del comportamiento resultante. Este enfoque requiere práctica, pero debería ayudar a tu hijo a no reaccionar precipitadamente (cuando el pensamiento racional se reduce y los comportamientos impulsivos son más probables) y, en su lugar, a tomar una decisión más positiva sobre la mejor respuesta cuando surge una sensación incómoda.

Cuenta una historia

Si tu hijo tiene a menudo un comportamiento especialmente desagradable, puedes inventar una historia sobre otro niño que hace exactamente lo mismo. Háblale del niño imaginado y pídele que comente su comportamiento. Esto no sólo puede aportar ideas y abrir conversaciones sobre lo que le ocurre a tu hijo cuando se comporta así, sino que incluso puede ofrecer soluciones para el niño ficticio que pueda aplicarse a sí mismo.

Tómate tiempo para reflexionar

Cuando tu hijo se haya comportado de forma poco útil, especula sobre por qué puede haberlo hecho. Empieza con la frase «Me pregunto si...». Por ejemplo: «Me pregunto si empujaste a tu hermano porque estaba ocupado y no respondí a tu pregunta y tú querías mi atención». Esto puede ayudar a tu hijo a relacionar su comportamiento con sus pensamientos y necesidades. No importa si tu especulación es correcta o incorrecta, es más importante que se reflexione sobre lo que ha pasado, por qué ha pasado y qué acción habría sido más útil.

Sé un modelo a seguir

Los padres y los cuidadores normalmente son la mayor influencia en la vida de un niño. Ninguno de nosotros es perfecto, pero es importante que demostremos la habilidad de reflexionar en lo que hemos hecho, pedir disculpas cuando cometemos errores y pensar en qué comportamiento habría sido más efectivo en cada situación.

Habla sobre lo mejor y lo peor

Ten una conversación corta con tu hijo a la hora de irse a dormir sobre qué ha sido lo mejor y lo peor del día. Empieza por lo peor y mira si puede explicar cuáles eran sus sentimientos, qué ha pasado, cómo ha respondido,

que ha sentido la gente implicada, qué habría podido hacer diferente, etc. Luego, termina con buen pie explorando las mejores partes del día y cómo tu hijo se ha sentido en ellas.

Consejos para los niños mayores

Ayuda a tu hijo a empatizar

Facilita a tu hijo a considerar el impacto que tiene su comportamiento en los demás, imaginando cómo se sentiría si alguien se comportara de la misma manera con él. A algunos niños se les da mejor que a otros, pero todos pueden aprender a hacerlo.

Enseña a tu hijo a entender qué es un hábito

Muchos comportamientos –algunos saludables y otros no tanto– son hábitos. La mayoría de la gente tiene hábitos y puede ser difícil acabar con ellos.

Fomentar la motivación

Una habilidad vital muy valiosa que podemos ayudar a los niños a desarrollar es la motivación para alcanzar objetivos. Busca ocasiones para enseñar a tu hijo a motivarse cuando muestre interés por conseguir algo. Empieza fijando un objetivo y luego desglosa cómo sería cada día o cada semana. Habla con él de lo que podría impedirle alcanzar su objetivo y de cómo superar esos obstáculos. Felicítale cuando consiga un objetivo y anímale a continuar.

Para ayudar a los niños a cambiar un hábito, tenemos que:

· Animarlos a pensar por qué un hábito es inútil y cuáles serían los beneficios de dejarlo.

· Hacerles reflexionar sobre cómo quieren definirse a sí mismos en términos de hábitos, por ejemplo: «¿Quiero ser una persona perezosa o una persona que hace ejercicio con regularidad?». Esto puede ayudarles a motivarse, ya que pueden vincular los hábitos a su identidad deseada.

· Enséñales a anticipar los momentos en los que resistirse a un hábito útil o adoptar un hábito inútil podría tentarlos más, y a encontrar acciones alternativas.

· Dificúltales el acceso a los hábitos inútiles (por ejemplo, no pongas la lata de galletas a su alcance) o facilítales el acceso a los hábitos saludables (por ejemplo, pon el frutero a su alcance).

· Apoyaos mutuamente en el proceso de abandonar un hábito perjudicial siempre que sea posible. Si tú y tu hijo decidís adoptar un hábito saludable, apoyaos mutuamente para conseguirlo haciéndolo juntos. Planifica recompensas para cuando consigáis el nuevo hábito.

Reflexionar sobre los valores

Nuestros valores influyen en nuestro comportamiento. Por ejemplo, si creemos que la igualdad es un valor que debe respetarse, intentaremos que la igualdad sea un resultado de nuestras interacciones. Otros valores que pueden ser beneficiosos para el comportamiento son la tolerancia, el perdón, la honestidad, asumir la responsabilidad de nuestros actos, el respeto, la compasión, la lealtad, la generosidad, la gratitud, etc. Puedes hablar con tu hijo sobre los beneficios de los distintos valores y el impacto que pueden tener en su comportamiento a medida que crece.

Por último...

A los niños casi siempre les resulta más fácil seguir instrucciones positivas que negativas. En lugar de decirles: «No te metas en líos», puedes decirles: «Necesito que te sientes en silencio unos minutos». Intenta que el lenguaje que utilices para guiar el comportamiento de los niños sea positivo y específico.